AF173255

BEI GRIN MACHT SICH IHR
WISSEN BEZAHLT

- Wir veröffentlichen Ihre Hausarbeit,
  Bachelor- und Masterarbeit

- Ihr eigenes eBook und Buch -
  weltweit in allen wichtigen Shops

- Verdienen Sie an jedem Verkauf

Jetzt bei www.GRIN.com hochladen
und kostenlos publizieren

Stefan Christ

Berechung des Residualgewinns über EVA

Economic Value Added

GRIN Verlag

Bibliografische Information der Deutschen Nationalbibliothek:

Die Deutsche Bibliothek verzeichnet diese Publikation in der Deutschen National-
bibliografie; detaillierte bibliografische Daten sind im Internet über http://dnb.d-
nb.de/ abrufbar.

Impressum:

Copyright © 2011 GRIN Verlag GmbH
Druck und Bindung: Books on Demand GmbH, Norderstedt Germany
ISBN: 978-3-656-63285-6

Dieses Buch bei GRIN:

http://www.grin.com/de/e-book/271196/berechung-des-residualgewinns-ueber-eva

GRIN - Your knowledge has value

Der GRIN Verlag publiziert seit 1998 wissenschaftliche Arbeiten von Studenten, Hochschullehrern und anderen Akademikern als eBook und gedrucktes Buch. Die Verlagswebsite www.grin.com ist die ideale Plattform zur Veröffentlichung von Hausarbeiten, Abschlussarbeiten, wissenschaftlichen Aufsätzen, Dissertationen und Fachbüchern.

Besuchen Sie uns im Internet:

http://www.grin.com/

http://www.facebook.com/grincom

http://www.twitter.com/grin_com

Seminar:

Instrumente des Controlling

Thema:

Berechnung des Residualgewinnes

Wintersemester 2011/2012

Vorgelegt von:

Stud.rer.oec. Stefan Christ

10.05.2011

Inhaltsverzeichnis

Abbildungsverzeichnis

Abkürzungsverzeichnis

A	Auszahlung
CF	Cash Flow
CVA	Cash Value Added
DCF	Discounted Cash Flow
E	Einzahlung
EBIT	Earnings before interests and taxes
EK	Eigenkapital
EP	Economic Profit
EVA	Economic Value Added
FK	Fremdkapital
i	Zinssatz
k	Kapitalkostenzinssatz
KB	gebundenes Kapital
NBV	Nettobetriebsvermögen
NOA	Net Operating Assets
NOPAT	Net Operating Profit After Taxes
PG	Periodengewinn
r_{EK}	Eigenkapitalkosten
r_{FK}	Fremdkapitalkosten
RG	Residualgewinn
t	Zeitpunkt,
	Indexziffer drückt Periode aus, wobei 0 für den jetzigen Zeitpunkt steht
UW	Unternehmenswert
WACC	Weighted Average Cost of Capital

1 Einleitung

Gegenstand der vorliegenden Seminararbeit ist das Konzept des Residualgewinns und eines Residualgewinnmodells.

Besonders dargestellt wird das des EVA®[1] (Economic Value Added), welches bei der wertorientierten Unternehmensführung Anwendung findet. Seit jeher kommt es zu Diskrepanzen zwischen Managementanreizen und Investitionsentscheidungen, da die psychologischen Werte hinter der Entscheidungsfindung von jeweils anderen Motiven gesteuert werden. Um Abhilfe zu schaffen wurden mehrere Konzepte in der Branche von Unternehmensberatungen entwickelt, u.a. der in dieser Seminararbeit präsentierte Economic Value Added (EVA).

Nicht nur bei wertorientierter Unternehmensführung, sondern auch bei Bewertungen von Unternehmen spielen Residualgewinne eine Rolle.

Ziel dieser Arbeit ist es, die Konzepte des Residualgewinn und des Economic Value Added näher darzustellen und zu erläutern.

Nach dieser Einleitung ist die Arbeit in zwei Kapitel unterteilt: Das folgende zweite Kapitel stellt den Residualgewinn dar, das dritte Kapital beschäftigt sich mit dem Konzept des EVA. Abschließend folgt eine Zusammenfassung mit einer persönlichen Ansicht.

---

[1] EVA ist ein eingetragenes Warenzeichen von Stern/Stewart. Im weiteren Verlauf der Arbeit wird auf den Zusatz ® verzichtet.

2 Der Residualgewinn

2.1 Konzept des Residualgewinnes

Im Kontext der wertorientierten Unternehmensführung, die als Kritik am traditionellen Rechnungswesen entstand[2], wurde das Konzept des Residualgewinns (Übergewinn) populär. Dieses Konzept soll mehrere, in der Zukunft zu erwartende Rückflüsse so berechnen, dass sie der Anreizverträglichkeit oder auch der Berechnung des Unternehmenswertes dienen. Um Manipulationen und zu hohen Aufwand entgegenzuwirken, haben sich bestimmte Modelle zur Errechnung des Residualgewinns durchgesetzt. Ziel dieser Modelle ist es, die Wertsteigerung anhand von periodisierten Größen zu messen. „Sie lassen sich der Gruppe der sogenannten Residualergebnismodelle zuordnen, bei denen das Periodenergebnis den Kosten für das eingesetzte Kapital gegenübergestellt wird"[3]. Man spricht von einem „echten" Residualgewinn, wenn das Ergebnis die Kapitalkosten übersteigt.

Als Grundlage für den Residualgewinn gilt das Lücke-Theorem[4], das hier an dieser Stelle nur erwähnt werden soll, aber nicht hergeleitet wird. Das Lücke-Theorem, auch Peinreich-Lücke-Theorem genannt, basiert auf dem Kongruenzprinzip[5]. Dieses Kongruenzprinzip nimmt an, dass der Periodengewinn

$$PG_t = CF_{t,} \text{ wobei } CF_t = (E_t-A_t)$$

mit dem Cash Flow, also der Summe der Einzahlungsüberschüsse übereinstimmt.

[2] vgl. Coenenberg (2009), S. 820

[3] Coenenberg (2009), S. 823

[4] vgl. hierzu die Veröffentlichung von Lücke (1955)

[5] vgl. Peinreich's Veröffentlichungen von 1937 in „The Accounting Review"

Der Residualgewinn ist also in der Lage die Wertschöpfung eines Unternehmens anhand von Kennzahlen zu messen. Diese Kennzahlen lassen sich anhand einer festen Zahl darstellen, die den Wertzuwachs des Unternehmens darstellt und „[…]den Interessenkonflikt der Manager und Eigenkapitalgeber überwinden helfen kann"[6]. Per Definition ist der Residualgewinn der Periodengewinn minus der Kapitalkosten der Vorperiode:

$RG_t = PG_t - i*KB_{t-1}$

Ein Gewinn nach Prinzip des Residualgewinns kann also erst entstehen, wenn die Kapitalkosten gedeckt sind[7]. Im Gegenteil zum alltäglichen Gewinnverständnis, welches sich durch „Erlös > Kosten" kennzeichnet, müssen die Kapitalkosten beim Residualgewinn auch gedeckt sein. Die folgende Grafik soll dies darstellen:

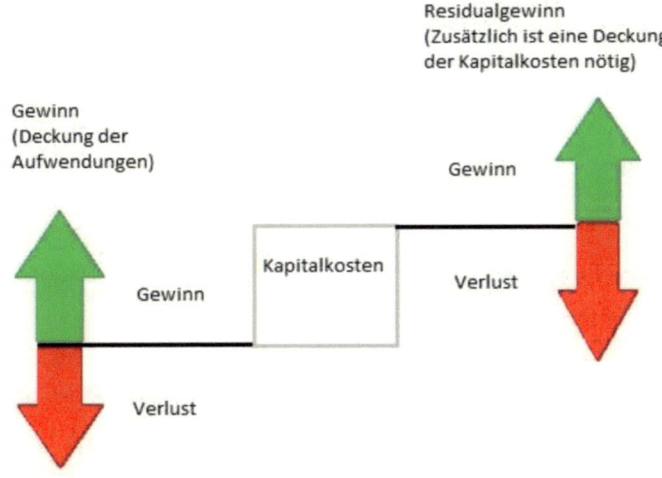

Abbildung 1: Residualgewinn

---

[6] Puma (2002), S. 48

[7] vgl. Ehrbar (1999), S. 9

Wie in der Grafik zu sehen ist, wäre also im Vergleich zum klassischen
Verständnis von Gewinn ohne Deckung der Kapitalkosten im Sinne des
Residualgewinnes ein Verlust entstanden. „Erst das die Kapitalkosten
übersteigende Ergebnis, also ein positiver Residualgewinn, wird als echter
Wertbeitrag angesehen."[8]
Die Kapitalkosten auf Eigen- und Fremdkapital sind die Verzinsung, die ein
Kapitalgeber als zu erwartende Rendite für sein Risiko erhält.[9]

Die Kapitalkosten lassen sich beispielsweise mit dem WACC (Weighted
Average Cost of Capital) berechnen. Er beinhaltet die gewichteten
Eigenkapitalkosten (r_{EK}) und Fremdkapitalkosten (r_{FK}) zum Marktwert[10], sowie
den Steuervorteil der Fremdfinanzierung (1-s).[11] Der Form halber wird die
Formel dargestellt.[12]

$$r_{wacc} = r_{EK} *(EK/GK) + r_{FK}*(1-s)*(FK/GK)$$

2.2 Ermittlung des Unternehmenswertes durch das RG-Konzept

Wie im vorangehenden Kapitel erläutert, dient der Residualgewinn neben der
Ermittlung des Periodengewinns (PG) auch der Errechnung des
Unternehmenswertes (UW). Hierbei werden zukünftige Periodenerfolge auf
den heutigen Zeitpunkt t_0 diskontiert. Dies soll auch die folgende Grafik
verdeutlichen:

---

[8] Coenenberg (2009), S. 823
[9] vgl. Ehrbar (1999), S. 9
[10] vgl. Puma (2002), S.47
[11] vgl. Coenenberg (2009), S. 828
[12] vgl. Coenenberg (2009), S. 828 oder vgl. Puma (2002), S. 47

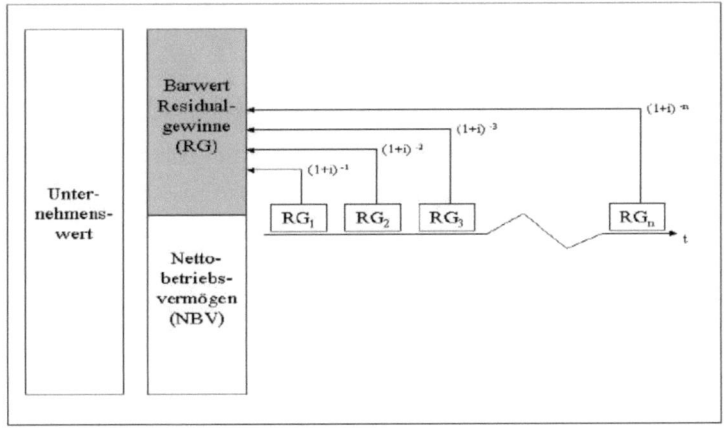

Abbildung 2: Unternehmenswert durch Residualgewinn ermittelt

Quelle: Crasselt/Pellens/Schremper (2000), S. 75

Wie in der Grafik ersichtlich, ergibt sich der Unternehmenswert aus der Summe des Nettobetriebsvermögens zum Zeitpunkt t_0 zuzüglich der Residualgewinne der folgenden n Perioden.

Der Unternehmenswert kann durch den Residualgewinn auf zwei Methoden berechnet werden. Dem Netto-Residualgewinn-Modell und dem Brutto-Residualgewinn-Modell, auf die aber nicht gesondert eingegangen wird.[13]

Schematisch ist die Ermittlung in der oben gezeigten Grafik zu sehen, der jedoch die rechnerische Komplexität nicht zu entnehmen ist.

Der Residualgewinn gehört zur Kategorie der Ertragswertfahren, da er zukünftige Gewinne diskontiert. Er ähnelt der DCF (Discounted Cash Flow) Methode.[14]

---

[13] vgl. zu den Verfahren: Coenenberg/Schultze (2003)

[14] vgl. Coenenberg, S. 823ff.

3 EVA als Ausprägung des Residualgewinnkonzepts

3.1 Der EVA (Economic Value Added)

Das Konzept des Economic Value Added wurde in den 90er Jahre von der amerikanischen Unternehmensberatung Stern/Stewart eingeführt. Es gehört mit dem CVA (Cash Value Added) der Boston Consulting Group und dem EP (Economic Profit) von McKinsey, sowie dem ERIC (Earning Less Free Interest Charge) zu der Gruppe der Residualgewinnergebnismodelle. „EVA, EP und CVA dienen als Maße für die Überschussgenerierung einer einzelnen Berichtsperiode und sollen die Frage beantworten, ob die angestrebte Rendite erwirtschaftet wurde."[15] Es gibt noch die beiden Konzepte des Added Value und des Shareholder Value Added[16]. Im Folgenden wird nur der EVA erläutert.

„In seiner Grundform steht EVA für die Ermittlung des Residualeinkommens oder auch: der wirtschaftlichen Wertschöpfung (Economic Value Added)."[17] Selbstverständlich kann EVA auch negative Ergebnisse aufzeigen, wenn die Kapitalkosten die Einzahlungsüberflüsse überschatten.[18] Diese Wertschöpfung entsteht durch nachhaltige Wertsteigerung, die Ziel der Eigenkapitalgeber ist. „EVA bringt alle Teilnehmer dazu, sich intensiv um die Bildung und Vermehrung des Aktionärsvermögens zu bemühen"[19]

Im Aspekt der wertorientierten Unternehmensführung partizipieren also Manager und Eigenkapitalgeber durch eine Wertsteigerungsmessung mithilfe des EVA.

---

[15] Coenenberg (2009), Seite 823
[16] vgl. Puma (2002), S. 48
[17] Ehrbar (1999), S. 9
[18] vgl. Schierenbeck (2000), S. 218
[19] Ehrbar (1999), S. 12 oder vgl. Stewart (1991), S. 153 ff.

Seit der Einführung des EVA im Jahre 1991, was durch Ehrbar (1999) als „[...]Revolution im Management[...]"[20] angesehen wird, hat sich bei vielen national und international agierenden Unternehmen ein neues Verständnis von Zusammenarbeit und Zielen ergeben.

Das EVA Konzept wird von einem großen Teil der deutschen Dax30®[21] Unternehmen, wie Siemens[22], der Metro[23] und der Deutschen Telekom verwendet.[24] EVA wird durch folgende Formel berechnet:[25]

$$EVA = NOPAT - k*KB_{t-1}$$

Ist der EVA positiv, so verschafft er dem Unternehmen Wert. Er ist also ein Residualgewinnmodell, da er erst Wert schafft, wenn die Kapitalkosten auf Eigen- und Fremdkapital gedeckt sind.[26]

Die oben genannten drei Komponenten des EVA setzen sich zusammen aus:

❖ dem NOPAT (Net Operating Profit after Taxes), zu deutsch Geschäftsergebnis nach Steuern, der ermittelt wird aus

$$NOPAT = EBIT +/- Adjustments - Steuern.$$

Die Größe NOPAT kann auf über 160 verschiedene Weisen angepasst werden (Conversions genannt), die von Stern Stewart vorgeschlagen wurden, um ein individuell auf das Unternehmen zugeschnittenes Modell des EVA zu erhalten.[27] Allerdings benötigen Unternehmen laut

---

[20] vgl. Ehrbar (1999), S. 25

[21] Der DAX ist ein Produkt und eingetragene Marke der Deutsche Börse AG

[22] vgl. Ehrbar (1999), S. 16 ff.

[23] vgl. Ehrbar (1999), S. 21 ff.

[24] vgl. Coenenberg (2009), S. 824

[25] vgl. Stewart (1991), S. 137

[26] vgl. Coenenberg (2009), S. 824

[27] vgl. Puma (2002), S. 51

Stern/Stewart maximal 15 Veränderungen des externen Rechnungswesens, um den optimalen, maßgeschneiderten EVA zu kalkulieren.[28]

❖ Dem Kapitalkostensatz, welcher mit dem WACC berechnet werden kann. (Vgl. Seite 4)

❖ Und dem gebundenen Kapital KB des Unternehmens, welches als NOA (Net Operating Asset) berechnet werden kann. Übersetzt werden kann der NOA mit Nettobetriebsvermögen. Im eigentlichen Sinne des EVA nach Stewart ist es aber unerheblich, wie es berechnet wird. Stewart sagt dazu: „It does not matter whether the investment is financed with debt or equity, it does not matter whether it is employed in working capital or fixed assets. Cash is cash, and the question is how well does management manage it"[29] Er wird gebildet aus:[30]

Bilanzsumme
- nicht betrieblich genutze Aktiva (z. B. Wertpapiere des Umlaufvermögens einschließlich eigener Aktien, Anlagen im Bau, vermietete Immobilien)
+ Wert betrieblich genutzter, nicht aktivierter Gegenstände (insbesondere nicht bilanzierte Leasing- und Mietobjekte)
- unverzinsliche kurzfristige Verbindlichkeiten
+ Equity Equivalents (Aufwendungen mit Investitionscharakter, stille Reserven, passivische Wertberichtigungen und Forderungen etc.)
- aktive latente Steuern
= **NOA**

Abbildung 3 Ermittlung des NOA

Quelle: Götze/Glaser (2001), S. 32

---

[28] vgl. Ehrbar (1999), S. 177

[29] vgl. Stewart (1991), S. 86

[30] vgl. Groll (2003), S. 55

9

3.2 Probleme des Economic Value Added

Wie bereits im vorherigen Kapitel beschrieben, benutzen viele Unternehmen den EVA als Größe der Steuerung. Im Folgenden werden kurz die Probleme des EVA genannt.

Die Hauptkritik am EVA ist es, dass es sich an Periodenerfolgsgrößen orientiert und die zeitliche Verteilung des erwirtschafteten Cash-Flows nicht berücksichtigt wird.[31] Dadurch kann es zu kurzfristiger Handlungsweise kommen, was langfristige Residualgewinne einschränkt, insbesondere dann, wenn EVA als Indexgröße für Vergütung herangezogen wird.[32]

Die von Stern/Stewart genannten 160 Anpassungsmöglichkeiten (Conversions) lassen eine Vergleichbarkeit von EVA-Daten nicht zu und sind in der Literatur nicht hinterlegt, da sie „maßgeschneidert sind".[33] Es fehlt also an Transparenz für Unternehmensexterne, wie z.B. Anteilseigner, da die Vergleichsmöglichkeiten gar nicht oder nur eingeschränkt vorhanden sind.[34]

Probleme treten auch auf, wenn man bestimmte Abschreibungsverfahren, wie die lineare Abschreibung, benutzt, da es dann bei der Berechnung des EVA zu Fehlern kommen kann.[35] Der Fehler entsteht dadurch, dass „[…] der Nettobuchwert der Aktiva stufenweise zurückgeht, so dass alte Vermögensteile günstiger aussehen als neue. Das kann dazu führen, dass Manager zögern, „billige" alte Wirtschaftsgüter durch „teure" neue Vermögensgegenstände zu ersetzen"[36]

---

[31] vgl. Schierenbeck (2002), S.475

[32] vgl. Ehrbar (1999), S. 181

[33] vgl. Ehrbar (1999), S. 177

[34] vgl. Groll (2003), S.67

[35] vgl. Ehrbar (1999), S. 186

[36] Ehrbar (1999), S. 186

4 Zusammenfassung

Wie in der vorliegenden Seminararbeit dargestellt, bieten der Residualgewinn und das Konzept des EVA erhebliche Vorteile. Die Darstellung eines Vergleichs der Residualgewinnmodelle an dieser Stelle würde den Rahmen dieser Arbeit zu sehr ausdehnen.

Residualgewinnmodelle sind meiner Meinung nach ein guter Schritt in die richtige Richtung, um Managementanreize zu setzen. Die vorgebrachte Kritik ist insofern angemessen, da es nicht auszuschließen ist, dass viele Manager aufgrund ihrer Vorstandverträge eher ihre Bezüge als langfristige Unternehmensziele im Auge haben. Diese Diskussion fand vor allem in der Wirtschaftskrise 2008 und der Lehmanpleite auch in den Medien statt. Dieses Thema ist eines, welches sehr große Wellen in der Bevölkerung, der Politik und der Wirtschaft schlägt. (Vorstände von Banken, die staatlicherseits gerettet wurden, erhalten auf 500.000 € jährlich limitierte Bezüge).

Das Modell des EVA scheint im ersten Augenblick sehr einfach zu sein, jedoch wird es komplexer durch die Conversions. Es ist eben das, was es ist: Ein Modell. Da es auf Werten des externen Rechnungswesens basiert, ist es auch abhängig von Menschen. Da Menschen nicht fehlerfrei sind, ist auch das EVA Modell anfällig für Fehler. Auch die Auswahl der Conversions lässt sich meiner Ansicht nach schwer nachvollziehen, da es selten gelingen wird ein Unternehmen exakt abzubilden durch diese Anpassungen des EVA. Insgesamt betrachtet, befürworte ich aber die Benutzung von Residualgewinnmodellen, wie EVA, da diese Konflikte zwischen Managern und Kapitalgebern minimieren und dem Unternehmen Wert verschaffen können, wenn sie Anreizverträglich wirken.

Literaturverzeichnis

Coenenberg, Adolf G., Fischer, Thomas M. und Günther, Thomas
Kostenrechnung und Kostenanalyse [Buch]. - Stuttgart : [s.n.],
2009. - Bd. 7. Auflage.

Coenenberg, Adolf G. und Schultze, Wolfgang
Residualgewinn- vs. Ertragswertmethode in der
Unternehmensbewertung, in: Richter, F./Schüler, A./Schwetzler,
B. (Hrsg.) (2003): Kapitalgeberansprüche, Marktwertorientierung
und Unternehmenswert, Festschrift für Jochen Drukarczy
[Buch]. - Stuttgart : [s.n.], 2003. - Bd. 1. Auflage.

Crasselt, Nils, Pellens, Bernhard und Schremper, Ralf
Konvergenz wertorientierter Erfolgskennzahlen [Artikel] // Das
Wirtschaftsstudium. - Bochum : [s.n.], 2000. - 1.

Ehrbar, Al
EVA - Economic Value Added, Der Schlüssel zur
wertsteigernden Unternehmensführung [Buch]. - Wiesbaden :
Gabler, 1999. - Bd. 1. deutsche Auflage.

Ewert, Ralf und Wagenhofer, Alfred
Interne Unternehmensrechnung (als eBook auf:
https://webvpn.uni-
wuppertal.de/content/xn866v/,DanaInfo=www.springerlink.com#
section=201854&page=1 [Buch]. - Berlin : Springer Verlag,
2008. - Bd. 7. Auflage.

Groll, Karl-Heinz
Kennzahlen für das wertorientierte Management: ROI, EVA und
CFROI im Vergleich - Ein neues Konzept zur Steigerung des
Unternehmenswertes [Buch]. - München : Carl Hanser Verlag
GmbH & Co. KG, 2003. - Bd. 1. Auflage.

Puma, Jörg U.:

Implementierung wertorientierter Unternehmensführung [Buch]. - Frankfurt : Peter Lang GmbH - Europäischer Verlag der Wissenschaft, 2002.

Schierenbeck, Henner und Lister, Michael

Value Controlling - Grundlagen wertorientierter Unternehmensführung [Buch]. - München : Oldenbourg Verlag, 2002. - Bd. 2. Auflage.

Stewart, Bennett und Stern, Joel M

The Quest for Value [Buch]. - New York : HarperCollins Publishers, 1991. - Bd. 1. Auflage.